LE MARÉCHAL DE LUXEMBOURG

Seigneur de Cossigny-en-Brie

A M. Maurice Lecomte,
de Paris.

« L'abbé Lebeuf, dans sa remarquable « Histoire de la ville et de tout le diocèse de Paris[1] » s'exprime ainsi au sujet des seigneurs de Cossigny, terre située à une lieue et demie de Brie-Comte-Robert. « En 1646, le seigneur de cette paroisse « étoit Pierre du Fos, secrétaire du roi. M. Jacques-Robert « de La Forest, que l'on connoissoit davantage sous le nom de « Vignolles, étoit seigneur de Cossigny en 1700 ».

Or, un document absolument inédit, retrouvé par moi aux Archives départementales de Seine-et-Marne[2] prouve qu'entre les deux personnages précités, la terre de Cossigny appartint à François-Henri de Montmorency-Bouteville, à l'illustre maréchal de Luxembourg.

Voici cette pièce :

« Aujourd'huy, jeudy 24 mars 1678, est comparu devant nous Charles Lesné, conseiller du roy, bailly de Brie-Comte-Robert, Monsieur Anthoine Vaudequin, bourgeois de Paris, ayant charge et pouvoir de M. Anthoine Moreau, cy-devant conseiller et secrétaire du Roy et intendant des affaires de Monseigneur le duc de Luxembourg, demeurant à Paris, qui

---

[1] Abbé Lebeuf. Nouvelle édition (1883), tome V, page 291. Dans l'almanach historique de Seine-et-Marne (1885), M. Th. Lhuillier a publié une notice sur Cossigny. Il y dit simplement « qu'en 1510, quand on rédigea la Coutume de Paris, Pierre du Pré est mentionné comme seigneur de Cossigny. François, son fils, lui succéda, et cette famille était encore là au milieu du XVII° siècle. Une alliance fit passer la terre de Cossigny aux La Forest ». Ces lignes, dûes pourtant à un érudit très distingué, contiennent, au moins deux erreurs.

[2] Actes du bailliage de Brie-Comte-Robert. Année 1678.

nous a dit et remontré que ledit sieur Moreau, pour justifier de son innocence et du bon droit qu'il a au procès pendant entre ledit sieur de Luxembourg et luy, il a besoin des déclarations de quelques particuliers tant de cette ville de Brie que du village de Cossigny ; pour avoir lesquelles, il a sommé et interpellé Messire François Tantot[1] prebtre curé dudit Cossigny, à quoy n'ayant voulu obéir, il a esté obligé de le faire assigner par devant vous ce aujourd'huy.....

— Est aussy comparu Messire François Tantot, prebtre curé de Cossigny, qui nous a dit que suivant et au désir des sommations qui luy ont esté faites à la requeste dudit sieur Moreau, il compare devant nous pour satisfaire au contenu d'icelles. Et à cette fin, a dit et déclaré après avoir mis la main ad pectus qu'il est aagé de 43 ans, et qu'il est curé dudit Cossigny depuis environ 13 ou 14 ans, dit bien connoistre ledit sieur de Luxembourg pour estre seigneur dudit lieu de Cossigny, dit qu'il sçait bien aussy et a bonne connoissance que ledit sieur Moreau a cy devant fait les affaires dudit sieur duc de Luxembourg en qualité de son intendant, pour l'avoir veu plusieurs fois audit lieu de Cossigny et logeoit mesme, aussi bien que ledit seigneur, au presbittaire dudit lieu, et que sy luy Moreau n'a jamais donné aucun arbre à luy comparant en quelque sorte et manière que ce soit, bien est vray que ledit seigneur duc de Luxembourg estant un jour à soupper à son presbittaire de Cossigny, peult y avoir six ou sept ans, aultant qu'il s'en peult souvenir, avec le sieur comte de Pas, le nommé Poitevin, marchand de bois et ledit Moreau, iceluy Moreau luy dit que ledit sieur curé avoit besoin de quelques arbres pour faire quelques augmentations nécessaires à l'église dudit Cossigny ; sur quoy, ledit seigneur duc de Luxembourg, en présence des susnommés dit au comparant de prendre et faire abattre les arbres dont il avoit besoin. En conséquence de laquelle permission dudit seigneur duc de Luxembourg, ledit sieur

[1] M. Th. Lhuillier (loco cit.) parle de l'abbé François Tauts. Il y a eu meprise. Le véritable nom du curé de Cossigny, de 1664 à 1681, fut Tantot, ainsi que le montrent clairement les registres paroissiaux conservés à la mairie de Chevry-Cossigny.

curé, deux ou trois jours après, fist seullement coupper et abattre un chesne dans l'allée des Tilleux, proche le chasteau, qui a été employé tant à l'église qu'au presbittaire dudit Cossigny, et n'y a point pris ny faict prendre aucun aultre ; dit oultre et déclare qu'il n'avoit aucune connoissance des meubles et plomb pouvant estre dans le chasteau dudit Cossigny appartenant au sieur du Fos, lorsque Mme de Bouteville en prist possession et n'a pareillement connoissance que ledit Moreau ait pris, emporté, ny distrait aucun meuble, plomb, ny aultre chose dudit chasteau de Cossigny. »

François TANTOT.

Après cette déposition du curé de Cossigny, le bailli reçut celle de Pierre Boisset, fermier des fours banaux de Brie, lequel déclara « ne point connoistre ledit sieur Moreau, n'avoir jamais acheté de chesne, bois, ny autre chose de luy, ne luy avoir jamais rien payé ny donné d'argent. »

De ces deux déclarations, Charles Lesné, bailli, donna acte à Vaudequin, et dressa procès-verbal pour servir à Moreau ce que de raison.

Le document que je viens de reproduire se rattache à une affaire scandaleuse que je vais raconter [1]. En l'année 1661 — date de son mariage avec l'héritière de la maison de Luxembourg — Montmorency-Bouteville avait pris le sieur Antoine Moreau comme intendant général de ses biens. Ainsi qu'il arrive trop souvent, celui-ci, profitant de l'absence de son maître, aux armées du Roi presque tout le temps, trahit les intérêts dont il avait la charge.

Par la dot considérable de sa femme, Luxembourg était devenu possesseur — entre autres terres — du domaine de Ligny-en-Barrois.

Au cours de l'année 1665, une « Société de marchands de bois » acheta, pour la somme de 400,000 livres, une coupe générale de la forêt de Ligny. Lors du règlement des comptes,

---

[1] Cf. Marquis de Ségur, Le Tapissier de Notre-Dame (1903), p. 35. — Désormeaux, Histoire du maréchal de Luxembourg, en 5 vol. (1764), tome V, pages 10 et suivantes. — Général Th. Jung, La Vérité sur le Masque de Fer (1872), p. 292.

des contestations se dressèrent. Un certain du Pin, brasseur d'affaires véreux, de connivence avec Moreau, frustra les acquéreurs de dix mille écus. Ceux-ci refusèrent, dans ces conditions, de payer Luxembourg.

Un procès s'engagea, qui devait durer huit années. En juin 1673, l'illustre soldat, qui combattait en Hollande depuis un an et demi, écrivit à Louvois une lettre privée où il émettait de grands doutes sur l'intégrité de son mandataire. Peu après, le 28 octobre 1673, Antoine Moreau était conduit à la Bastille[1], où il séjourna près de cinq ans, étroitement tenu au secret. Il ne fut relâché qu'en mai 1678. C'est pourquoi, en mars de la même année, il dut se faire représenter devant le bailli de Brie par Antoine Vaudequin, bourgeois de Paris.

Ce fut précisément au cours de l'instruction de cette affaire, que le duc de Luxembourg reprocha à son ancien intendant de l'avoir également volé à Cossigny. C'est donc un épisode de ce procès sensationnel qui fut évoqué à Brie-Comte-Robert.

A peine jeté dans son cachot, Moreau avoua, entre autres choses, « avoir trahy les intérêts de M. et Mme de Luxem-
« bourg, avoir volé leurs effets sous des noms interposez, et
« pris des cessions et des pots-de-vins, lorsqu'il a passé des
« baux de terres et vente de leurs bois ».

Mais, s'étant ressaisi, il nia tous ces faits dans un « factum »[2] qu'il publia à sa sortie de la Bastille. Là, il déclare
« qu'ayant esté tenu enfermé trente six heures dans un cul
« de basse fosse sans avoir à boire ny à manger, il a confessé
« tout ce qu'on a voulu. »

Au sujet de Cossigny, Moreau écrit :

« Que celuy (le pot-de-vin) pris sur les bois de Cossigny
« est encore de cent pistoles données à l'appelant par les
« adjudicataires des bois par ordre de M. de Luxembourg ;

---

[1] Le nom d'Antoine Moreau ne se trouve pas sur la « Liste des prisonniers de la Bastille de 1659 à 1789 », publiée par M. Funck-Brentano, dans son livre sur « Les lettres de cachet à Paris » (1904). Mais cet historien déclare lui-même dans son avant-propos que cette liste est forcément incomplète.

[2] Factum de Moreau à sa sortie de la Bastille. 20 pages in-folio. In « Recueil Thoisy », vol. 166, fol. 298. Bibl. Nat. Imprimés = Z 2284.

« leúr déclaration est produite. Ce n'est point l'appelant qui
« a vendu les bois ; la vente a esté faicte par les officiers de
« Cossigny après publication dans toutes les paroisses voi-
« sines au plus offrant et dernier enchérisseur. »

Mais, le sieur Moreau ne chercha pas seulement à se dis-
culper. Il eut avec Louvois, ennemi caché de Luxembourg,
des entretiens secrets[1]. On était alors en pleine « affaire des
Poisons ». L'intendant malhonnête accusa son ancien maître
d'avoir — entre autres crimes — voulu empoisonner sa
femme qui était laide et infirme, mais colossalement riche.
A la faveur de cette dénonciation, Moreau obtint d'aller
mourir à l'étranger sans être plus inquiété pour ses malversations[2].

Luxembourg dut, à son tour, entrer à la Bastille, le 24 janvier 1680 ; son innocence fut heureusement reconnue par la
Chambre de l'Arsenal le 14 mai suivant[3].

Dans une « lettre secrette sur son emprisonnement »,
datée de 1679 et adressée à « un aussi bon parent que vous »,
le maréchal fait le « récit fidelle de ses malheurs. » Il dit au
sujet de son accusateur : « Moreau a été longtemps mon
« intendant... Il vouloit, durant que j'étois en Hollande, se
« rendre ici maître absolu de toutes choses dans ma maison.
« Comme je reconnus qu'il étoit de mauvaise foi,... M. de
« Louvois le fit arrester. »

Luxembourg parle ensuite de la vente des bois de Ligny,
mais ne fait aucune allusion à sa terre de Cossigny[4].

[1] Général Jung, loc. cit. p. 292. M. de Ségur dit (loc. cit. p. 36) qu' « il n'est pas interdit de penser que l'intendant, pour se venger, ait dénoncé son maître », mais il ajoute : « C'est un des points restés obscurs de l'affaire ».

[2] Dans un article publié dans la Revue des deux Mondes (15 janvier 1864) sous le titre « La Chambre de l'Arsenal », M. P. Clément dit qu' « un arrêt condamna l'intendant aux galères perpétuelles. » Je n'ai pas retrouvé ce détail ailleurs.

[3] M. le Marquis de Ségur, dans « Le Tapissier de Notre-Dame », indique sous cette cote : Bibl. Nat. Ms fr. 1192, une « requeste du duc de Luxembourg à Nosseigneurs de la Chambre royale séante à l'Arsenal » (avril 1680). Malgré de nombreuses recherches, je n'ai pu retrouver, nulle part, ce document, dont M. de Ségur n'a pu rectifier la cote, évidemment erronée.

[4] « Mémoires pour servir à l'Histoire du Maréchal de Luxembourg », publiés par ordre de ses descendants, in-4°. Paris 1758. Bibl. Nat. Ln²⁷ 13077.

Après avoir ainsi longuement parlé d'Antoine Moreau, dont les malversations avaient provoqué la déposition du curé Tantot devant le bailli de Brie-Comte-Robert, je vais reprendre l'analyse de cet important document.

Le prêtre déclare « bien connoistre le sieur duc de Luxembourg pour estre seigneur dudit lieu de Cossigny. »

Et, en effet, l'illustre soldat posséda cette terre de l'année 1669 à l'année 1680.

Mais, quel fut — immédiatement avant lui — le seigneur de Cossigny ?

L'abbé Lebeuf nous a dit « qu'en 1646, le seigneur de cette paroisse étoit Pierre du Fos, secrétaire du Roi ». (Reg. Arch. 26 maii 1646). Cela est probablement exact. Cependant, je dois faire ici quelques réserves.

A la Bibliothèque Nationale, le Cabinet d'Hozier (vol. 146. ms. fr. 31.027, fol. 2) contient une généalogie de la famille du Fos, avec indication de ses armoiries. Ce tableau commence avec Julien du Fos (1er du nom), docteur en droit, avocat au Grand Conseil et Privé Conseil du Roy, lequel est dit sans plus de précision, avoir « acquis les terres de Méry, la Taule et Cossigny. »

Julien du Fos (1er) eut plusieurs enfants, dont : Julien du Fos (2e du nom), trésorier de France à Paris et contrôleur de l'argenterie de la Maison du Roy, seigneur de Cossigny, mort en 1654, et Pierre du Fos, notaire, secrétaire du roy, maison, couronne de France, père lui-même de Julien du Fos (3e du nom), avocat au Parlement, seigneur de Cossigny.

Il semblerait qu'il dût s'agir ici plutôt de Julien du Fos (2e du nom), celui-ci étant qualifié de seigneur de Cossigny à l'exclusion de son frère cadet Pierre.

D'autre part, les conditions dans lesquelles Montmorency-Luxembourg devint possesseur de la terre de Cossigny — qui vont nous être révélées par le document suivant — paraissent appuyer cette opinion, qui contredit l'affirmation de l'abbé Lebeuf.

Cette pièce est l'acte de vente passé, le 20 octobre 1682, entre le maréchal de Luxembourg et Jacques-Robert de la

Forest, par devant Mes Savalète et Donc, notaires à Paris[1].
En voici quelques extraits d'un intérêt capital.

« Ladite terre, fief et seigneurie de Cossigny appartient à
Haut et puissant seigneur Messire Henry de Montmorency,
duc de Luxembourg, pair et maréchal de France, demeurant
à Paris, en son hostel, rue Saint-Honoré, et haute et puissante
dame Bonne Thérèse de Luxembourg, son espouze, comme
ayant esté subrogés aux lieu et place de Sa Majesté, comme
créanciers antérieurs de Sa Majesté, par arrest de la Chambre
de Justice du 5e juillet 1669, aux conditions y portées,
laquelle terre avoit esté adjugée avec autres biens à M. le Procureur général de ladite Chambre de Justice par autre
arrest de ladite Chambre de Justice du (en blanc) lesquels arrests et autres pièces concernans la propriété de
ladite terre, fiefs et héritages en deppendans ensemble ceux jus-
tifians de la créance et hypotèque desdits seigneur et
dame de Luxembourg, il a présentement mis ès mains dudit
sieur acquéreur Jacques-Robert de la Forest, escuïer, seigneur des Hautes et Basses Vignolles et autres lieux, demeurant à Paris, rue de la Marche-Marais-du-Temple, paroisse
Saint-Nicolas-des-Champs...

..... Laquelle vente eut lieu moyennant la somme de
38,000 livres, dont 13,140 furent versés immédiatement audit
seigneur de Luxembourg par le sieur acquéreur en louis
d'argent et autres monnoyes ; quant aux 24,860 livres restans
du prix, ledit acquéreur promet et s'oblige de les bailler et
payer en l'acquit et descharges desdits seigneur et dame de
Luxembourg et desdites successions dudit deffunt sieur du
Fos avec les interests d'iceulx, aux créanciers desdites
successions dudit deffunt du Fos. »

D'après cet important document, Montmorency-Luxembourg avait acquis Cossigny de la façon suivante.

Du Fos ayant lésé les Finances royales, le Roi était, par le
fait même, son créancier. Ses biens avaient été d'abord

---

[1] Cet acte se trouve actuellement en l'étude de Me Lucien Baudrier, notaire
à Paris, Chaussée d'Antin, qui conserve le minutier de Me Donc. Il porte les
signatures autographes de Montmorency-Luxembourg, de la duchesse et de
La Forest de Vignolles.

adjugés au procureur général, représentant Sa Majesté près la Chambre de Justice instituée pour leur liquidation. Mais du Fos était devenu le débiteur de Luxembourg à une date antérieure aux faits délictueux commis par lui envers le Trésor royal. Louis XIV se trouvait être, comme créancier, au-dessous de Montmorency-Luxembourg, celui-ci ayant un meilleur rang hypothécaire.

Le futur maréchal, restant acquéreur, fit confusion du prix d'acquisition avec sa créance et devint ainsi propriétaire, malgré lui, de la petite terre de Cossigny.

Cet acte de vente ne donne malheureusement pas de prénom au « défunt du Fos ».

Etait-ce Pierre ou Julien ? Les fonctions remplies par ce dernier sembleraient l'avoir plus particulièrement exposé à se rendre coupable de malversations à l'égard des finances royales.

M. Maurice Lecomte (de Paris) a bien voulu, sur ce point obscur, me prêter la lumière de son érudition. Il m'a écrit que la Chambre de Justice, instituée en novembre 1661 pour la « recherche des abus et malversations au fait des finances », et dont le principal justiciable fut Nicolas Foucquet, eut à s'occuper de Pierre du Fos, et aussi de son frère Julien. Après la condamnation de l'intendant (décembre 1664), cette haute juridiction continua de siéger et rendit divers arrêts, dont celui du 5 juillet 1669, contre Pierre du Fos, d'ailleurs décédé à ce moment-là [1].

Mon obligeant confrère a bien voulu compléter son indication en me signalant que Pierre du Fos possédait, entre autres biens, une maison sise rue d'Avon, à Fontainebleau. Cet immeuble fut vendu à la criée « de par le Roy et Nossei- « gneurs de la Chambre de Justice séante à Compiègne », après publication datée du 20 mai 1667.

D'autre part, le volume 233 des V^c de Colbert [2], à la Bibliothèque Nationale, contient les arrêts de condamnation

---

[1] Il est regrettable que les Archives Nationales (série Z) ne conservent aucun dossier de Chambre de Justice postérieure à celle qui jugea Foucquet.

[2] Folio 229.

rendus par la Chambre de Justice contre les héritiers Julien du Fos, en novembre 1662, en 1663 et 1664, lesquels durent restituer au Trésor royal des sommes considérables.

Les deux frères du Fos furent donc l'un et l'autre coupables de malversations. Lequel des deux — de Pierre ou de Julien — fut seigneur de Cossigny en 1646 ? C'est un point qu'il me paraît difficile d'élucider. en présence des renseignements contradictoires que donnent l'abbé Lebeuf et d'Hozier, dont l'autorité est également incontestée.

Je note, au surplus, que les registres paroissiaux de Cossigny ne font aucune allusion à un du Fos quelconque.

Quoiqu'il en soit, voilà désormais fixé un détail d'histoire locale complètement inédit : le 5 juillet 1669, le duc de Luxembourg acquit du sieur du Fos la seigneurie de Cossigny, et la revendit le 20 octobre 1682 à Jacques-Robert de la Forest-Vignolles [1].

Le hasard, ou une circonstance qui m'échappe — avait voulu que, quelques années auparavant — vers 1620 — la seigneurie de Chevry, sise à une demi-lieue de Cossigny, eût appartenu à Charles Duret [2], président à la Chambre des Comptes de Paris, intendant des finances, mort en 1637. Or, Charles Duret était le second époux de dame Elisabeth Dolu, veuve de Jehan de Vienne, duquel premier mariage était née Elisabeth-Angélique de Vienne, mère du futur maréchal [3]. Peut-être, faudrait-il voir là l'origine de la créance de Luxembourg, représentant sa mère, sur la succession de du Fos.

On remarquera, à ce propos que dans la déposition du curé

[1] Je dois à l'amabilité de M. Cottin-Angar, propriétaire actuel de Cossigny, d'avoir pu établir la liste intégrale des possesseurs de ce domaine depuis du Fos (indiqué sans prénom) jusqu'à nos jours.

[2] Cf. Abbé Lebeuf. Op. cit. V, p. 288.

[3] Marquis de Ségur, de l'Académie française : La Jeunesse de Luxembourg. 1900. p. 485 (appendice). — Je note aussi, pour mémoire, que la mère du maréchal était la cousine maternelle de Jean-Jacques de Mesmes, seigneur des Arches-en-Champagne, président de la Chambre des Comptes, dont un arrière-petit neveu, Jean-Jacques de Mesmes, dit le président de Mesmes, devint seigneur engagiste de Brie-Comte-Robert en 1685 (et aurait été seigneur de Chevry, d'après M. Th. Lhuillier, loc. cit.).

Tantot, se trouve cette phrase : « le chasteau dudit Cossigny appartenant au sieur du Fos lorque Mme de Bouteville (mère du maréchal) en prit possession. »

Il est, en tout cas, certain que la comtesse de Bouteville, que le supplice de son mari avait, depuis 1627, éloigné du monde, vint à Cossigny au moins une fois. En effet, j'ai retrouvé dans les registres de cette ancienne paroisse l'acte suivant.

« Le 14e d'octobre mil six cens soixante et neuf, a esté baptizé Elizabeth du Hault, fille de Messire Claude du Hault[1] et d'Elizabeth Petit. Le parrain Anthoine Moreau, conseiller et secrétaire du roy[2]. la marraine, haulte et puissante dame Elizabeth Angélique de Vienne, veufve de Messire François de Monmorensi, comte de Bouteville.

Faict par moy soubzsigné,

François Tantot,

Moreau,   De Vienne.

Continuant l'analyse de la déposition du curé, j'y trouve que le duc de Luxembourg, lorsqu'il était de passage à Cossigny, logeait au presbytère et qu'il y vint, entre autres fois, six ou sept ans avant l'année 1678, avec le sieur comte de Pas.

Une raison majeure obligeait, en effet, Montmorency-Bouteville à demander asile à l'humble prêtre. C'est que la vieille demeure féodale n'était plus habitable. Sur deux plans conservés aux Archives Nationales[3], et datés de 1666, le château n'est même pas figuré. D'autre part, dans l'acte du 20 octobre 1682, on voit cette phrase : « ledit seigneur duc consent que ledit sieur acquéreur, attendu le mauvais estat et la ruine tottale dudit chasteau et lieux en deppendans, le fasse visitter par expers. »

[1] Amodiateur de la terre et seigneurie de Cossigny, procureur fiscal dudit lieu.

[2] L'intendant même du maréchal.

[3] Plan de Bois du Parc NIII (S.-et-M.) 82.
Plan de la Léchelle. NIII (S.-et-M.), 64.

En ce qui concerne la date exacte, 1671 ou 1672, du passage de Luxembourg à Cossigny, auquel fait allusion le curé Tantot, on peut émettre une conjecture tout à fait vraisemblable. On sait' que l'intervalle qui, de la paix d'Aix-la-Chapelle (2 mai 1668), s'étend au début de la guerre de Hollande (janvier 1672), fut pour l'illustre soldat une trop longue période d'inaction. Pour tuer le temps, dit son biographe, Luxembourg se déplace incessamment entre Paris et ses terres. Vers la fin de l'année 1671, seulement, il quitte la France et arrive, dans les derniers jours de décembre, sur les bords du Rhin. Le 1er janvier 1672, il est à Cologne. A la fin du mois, il revient à Paris pour conférer avec Louis XIV, n'y reste qu'un ou deux jours et le 29 janvier, il est de retour à Cologne. Pendant deux pleines années, Luxembourg va combattre sans répit, et ne rentrera à Paris que le 23 janvier 1674.

On a vu que ce fut pendant cette longue absence de France, que fut arrêté son infidèle intendant (octobre 1673).

M. de Ségur, consulté par moi à ce sujet, a bien voulu m'écrire ceci : « Quant à la date de *1671* que vous estimez vraisemblable pour la visite de Luxembourg à Cossigny, je suis tout à fait de votre avis, sans toutefois pouvoir la garantir. »

Un point de la déposition du curé Tantot reste encore à éclaircir. Quel était ce comte de Pas qui vint à Cossigny avec Luxembourg ?

La famille de Pas, originaire de l'Artois, était l'une des plus importantes de l'ancienne noblesse'. Or, il peut s'agir ici, ou de Henri, comte de Pas, gouverneur de Toul, mort en 1696, ou de son frère, Antoine de Pas, marquis de Feuquières, lieutenant général des armées du roi, mort en 1711.

Le titre de comte donné par le curé de Cossigny n'appartint, dans cette maison, à cette époque, qu'à Henri. Mais,

---

' Voir : Marquis de Ségur, de l'Acad. franç. Le maréchal de Luxembourg et le Prince d'Orange (1902). Dans ce beau livre, l'historien suit son héros, pas à pas, jour par jour, de janvier 1672 à janvier 1674.

'La Chesnaye-Desbois et Badier. Dictionnaire de la noblesse, tome XV, p. 486.

d'autre part, Antoine de Pas était proche parent de Luxembourg. A son sujet même[1], le maréchal écrivait à Louvois, le 30 août 1678 : « Il est mon cousin issu de germain, fils d'une mère[2] avec qui j'ai vécu toute ma vie comme si elle avait été ma sœur. Dès qu'il est entré dans le monde, *il ne m'a presque point quitté,* soit en paix, soit en guerre. »

Peut-être le curé de Cossigny a-t-il donné par erreur à Antoine de Pas — fidèle compagnon de Luxembourg — le titre de comte qui n'appartint qu'à son frère Henri.

— Je suis arrivé au terme de mon travail, car c'est là tout ce que j'ai retrouvé sur le passage à Cossigny du maréchal de Luxembourg.

Les registres d'Etat religieux de cette paroisse et les dossiers de nos Archives départementales m'ont fourni les documents que j'ai reproduits. Quant aux Archives Nationales, ayant compulsé ce qui m'a été indiqué[3], concernant Cossigny au XVIIe siècle, je n'y ai rencontré aucune allusion à l'illustre soldat.

[1] Archives de la Guerre, tome 592. Cité par M. le marquis de Ségur.

[2] Anne-Louise de Grammont, fille d'Antoine, duc de Grammont et de Claude de Montmorency-Bouteville.

[3] A. N. = Q¹ 1435 ; S 204 ; S 5095*, liasse 200 ; N III (S.-et-M.) 51 ; N. III (S.-et-M.) 64.

CONTRIBUTION A L'HISTOIRE DES MESSAGERIES

A BRIE-COMTE-ROBERT AU XVIIe SIÈCLE

L'histoire du service des messageries, à Brie-Comte-Robert, au xviie siècle, n'a encore été l'objet d'aucun travail d'ensemble. Une notice, publiée il y a quelques années, a donné seulement un aperçu de cette question[1].

Tout ce que je publie aujourd'hui est extrait — sauf une pièce tirée des Archives Nationales — des Archives départementales de Seine-et-Marne[2] ; on y trouvera, je crois, une précieuse contribution à l'étude d'un sujet *inédit*.

Mais, pour qu'on saisisse bien l'intérêt de ces divers documents, quelques lignes d'historique sont ici nécessaires.

L'idée première du service des messageries prit naissance en l'Université de Paris, où les écoliers de tous les pays vinrent, de bonne heure, en grand nombre. On comprit, dès la fin du xiie siècle, la nécessité de mettre ces jeunes gens en relation avec leur famille. Des « messagers volants » furent chargés de transporter les lettres et les bagages des étudiants, mais ils ne tardèrent pas à accepter les paquets et la correspondance des particuliers.

En octobre 1576, Henri III créa les « messagers royaux », investis des mêmes privilèges que les messagers universitaires. Une concurrence active s'établit entre les deux services.

En 1641, l'Université de Paris afferma, pour une somme considérable, ses messageries privées.

Le 5 décembre 1643, une ordonnance du Grand Conseil abolit, *en principe*, le monopole des messagers de l'Université, mais ceux-ci n'en continuèrent pas moins leurs transports.

Quant aux messageries et à la poste royales, elles furent tour à tour, sous Louis XIV, données à ferme ou confiées à des officiers du Roi.

Ce qu'il faut retenir des lignes précédentes, c'est qu'au XVIIe siècle, dans beaucoup de villes, existèrent successivement, ou même *concurremment*, deux services de messageries : les messageries royales et les messageries universitaires.

L'exposé des documents que j'ai retrouvés va nous montrer comment les choses se passaient à Brie.

Le 31 mars 1673, André de la Salle, bourgeois de Paris, y demeurant Vieille Rüe du Temple, et son associé Laurent Bourgouin, fermiers généraux des Messageries de Messieurs de la Nation de France, passèrent par devant Maître Jean de Saint-Jean et Louis Henri Vincent, notaires garde-notes du Roi au Châtelet de Paris, un bail avec Pierre Charon (ou Charron), voiturier à Brie-Comte-Robert, qui avait élu domicile, ce jour-là, à l'« Auberge de la Couronne d'Or », rue Saint-Antoine. Le preneur acceptait la charge de messager de Paris audit Brie, et vice-versa, à commencer du 1er avril 1673, et pour six années. Le loyer convenu était de 80 livres par an, payables de quartier en quartier et par avance. Pierre Charron était tenu, par le bail, de se faire recevoir par devant M. le lieutenant civil au Châtelet de Paris, conservateur des priviléges royaux de l'Université ; il devait aussi se faire délivrer « toutes lettres de provision pour le nécessaire », par le greffier et scribe de l'Université de Paris. Le tout, sous quinzaine, à ses frais et dépens, à peine de résolution du bail.

Le futur messager s'engageait, d'autre part, à exercer bien et fidèlement ladite messagerie ; à en tenir bon et fidèle registre, en sorte que le public fût satisfait et que le bailleur n'en reçût nulle plainte. Si, d'ailleurs, un procès ou un différend quelconque s'élevait entre un voyageur et le messager, celui-ci serait contraint de le soutenir à ses frais jusqu'à l'arrêt définitif.

Huit jours plus tard — le 8 avril — par devant les mêmes notaires, comparaissait Nicolas Naudon, marchand à Brie-Comte-Robert, logeant, ce jour-là, à l'auberge de la Couronne d'Or.

Ayant pris connaissance du bail conclu par Charon, Naudon se porta caution de son ami envers le sieur de la Salle.

Mais les choses n'allèrent pas sans difficultés, et Pierre Charon dut se plaindre au bailli de Brie.

En effet, le sieur Louis Herblet[1]. également voiturier en cette ville. prétendait avoir, comme Charon, le droit de se dire « messager des fermiers généraux de sa Majesté, aux droits de Messieurs de l'Université de Paris ».

En attendant que le Parlement, saisi de l'affaire, eût prononcé son arrêt, le bailli était sollicité « dans l'intérêt du « public, de régler les jours et heures des départs et arrivées « des deux messagers, étant incommode et préjudiciable « qu'ils marchent ensemble le même jour. »

A sa requête. Pierre Charon joignait une copie du bail passé le 31 mars. et deux parchemins, dont voici la copie, qui étaient ses « lettres de provision. »

« Universis præsentes Litteras inspecturis *Debnis de Lenglet*[2] Rector Universitatis, Magistrorum. Doctorum et Scholarum Parisiis studentium, salutem in Domino ; Notum facimus quod dilectus noster *Petrus Charon civis Briensis* fuit et est ac esse intendit verus et indubitabilis Almæ Universitatis Parisiensis *Nuntius ordinarius per oppidum de Brie*, atque idcirco in præsenti nostra Rectoria juratus, ac in commentariis prædictæ Universitatis inscriptus fuit et immatriculatus.

Quare, Nos dictum *Charon* sub nostra et dictæ universitatis protectione et clientela ponimus per præsentes et ipsum, ejusque familiam occasione ipsius, ac omnia bona sua quocumque et ubicumque sint, privilegiis, immunitatibus et

---

[1] Ou Louis Herblay.

[2] Les mots en italique sont manuscrits sur le parchemin : tous les autres sont imprimés.

libertatibus dictæ Universitatis uti et' gaudere volumus ac defendi quicumque se duxerit transferendum.

Datum Parisiis sub sigillo Rectoriæ præfatæ Universitatis, Anno Domini millesimo sexcentesimo septuagesimo *tertio, die octavo mensis aprilis.* »

RECTOR.

« Universis præsentes Litteras inspecturis *Laurentius Daclin Licentiatus theologiæ, honorarius Gallicorum Nationis in alma Universitate Parisiense procurator,* Notum facimus quod die datarum præsentium coram nobis præsens et personaliter constitutus providus vir et honestus *Petrus Charon civis Briensis* cupiens et desiderans sub protectione et clientela dictæ Universitatis vivere et officium *Nuntii ordinarii de Brie-Comte-Robert liberum nunc* sibi conferre et de ipso providere dignaremur atque vellemus. Nos autem ejusmodi supplicationi annuentes eidem præsenti et acceptanti prædictum officium *Nuntii Briensis* contulimus, donavimus, conferimus et donamus per præsentes, *conditionibus quæ amplius continentur in contractu cum ipso nuntio die ultimo mensis Martii anno 1673. apud de Sainct-Jean et Vincent,* ac ipsum jurare fecimus omnia juramenta alias per dictam Nationem nostram, quoad officium. *Nuntii ordinarii* exercendum ordinata.

Quibus sic actis et juratis, Nos eodem *Charon* concessimus et dedimus, tenoreque præsentium damus et concedimus licentiam et authoritatem plenariam dictum officium exercendi secundum ordinationes et modificationes assuetas ; Ponentes ipsum sub nostra et dictæ Universitatis protectione et clientela per præsentes, volentesque eumdem *Charon* tanquam juratum *Nuntium nostrum ordinarium* ejusque familiam occasione ipsius, ac omnia bona sua quocumque et ubicumque sint, privilegiis, immunitatibus et libertatibus nostris, concessis et concedendis uti et gaudere, quibus alii *Nuntii ordinarii* nostri jurati officium prædictum exercentes gaudere hactenùs consueverunt.

Datum Parisiis sub sigillo *Procuratoris dictæ Nationis Galli-*

corum in alma Parisiense Universitate. Anno Domini millesimo sexcentesimo septuagesimo tertio, die octavo mensis Aprilis.

Laurentius DACLIN,
Procurator.

Jean Perrin, conseiller du Roi, maître des requêtes ordinaires de feu Mgr le duc d'Orléans, bailli de Brie, ordonna, le 23 mai 1673, que Louis Herblet serait entendu par lui.

Le 14 juin, Herblet, sans se rendre à l'appel du juge, répondit que « l'appel qu'il a interjeté de la sentence rendue contre « luy par M. le Prévost de Paris n'est point pour le faict dont il s'agit, mais « en quoy consistent les fonctions de l'une et « de l'autre de leurs messageries [celle de Charon et la sienne « propre], s'ils ont droit également de voiturer et porter « des lettres et pacquets, comme attributions par eux « prétendue. »

La défense ayant paru insuffisante au bailli, celui-ci rendit, le lendemain, un jugement par défaut contre Herblet. Charon eut seul le droit de se dire « messager ordinaire aux droits de Messieurs de l'Université de Paris ». Notification de cette sentence fut faite à Herblet, par Nicolas Digne, huissier à cheval.

D'autre part, la Cour du Parlement rendait, le 19 juin 1674, un arrêt qui nous intéresse [1].

En effet, Louis Herblet, « soi-disant messager à Brie-« Comte-Robert », André de la Salle et Laurent Bourgouin étaient appelants d'une sentence rendue, le 5 mars 1672, par le Châtelet de Paris entre eux et Philippe Passard, conseiller du Roy, maître ordinaire en sa Chambre des Comptes et quelques autres créanciers des sieurs Nicolas et Pierre Singlin, propriétaires du « droit d'établir des grandes et des « petites carrioles dans la province et vicomté de Paris ».

Le Châtelet avait ordonné la saisie de quatre chevaux et charrettes, et défense avait été faite à Herblet de plus faire aucune fonction de messager, sous peine d'emprisonnement.

[1] Archives Nationales X1A 9695.

Le Parlement déclara, le 19 juin 1674, Herblet non recevable en son appel, le tout avec dépens. Les dits Passard et consorts furent maintenus et gardés en la possession et jouissance du droit et pouvoir d'établir des carrioles, litières et brancards, dans l'étendue de la ville, prévoté et vicomté de Paris.

Deux ans plus tard, « la messagerie de Brie-Comte-Robert « étant devenue vacante faulte d'exercice par ledit sieur « Charon », un bail fut passé, le 20 mai 1676, par devant de Saint Jean et Vincent, entre André de la Salle et Laurent Bourgouin, d'une part, — et d'autre part, Louis Herblet et Marie Belesme, sa femme. Le preneur aura le droit d'exercer les fonctions de messager ordinaire de Paris à Brie-Comte-Robert, et vice-versa, moyennant le prix de 75 livres par an, payables de six mois en six mois, à partir du 1er avril précédent. Il paiera en outre le loyer dû et échu, depuis l'arrêt du 19 juin 1674 jusqu'au 1er avril 1676. Il devra se faire délivrer toutes lettres de provision nécessaires, par le greffier et scribe de l'Université de Paris. Il s'engage à « bien et décemment exercer ladite messagerie aux jours ordinaires et accoutumés, tenir bon et fidelle registre et faire en sorte que le public soit entièrement servy. Il ne pourra céder les droits que lui donne le présent bail à qui que ce soit. Enfin, en cas de différend avec les voyageurs, il sera tenu de soutenir le procès à ses frais ; sauf, dans certaines circonstances, où « lesdits sieurs de la Nation de France pourront « prêter leur nom, authorité, pouvoir et faveur ».

Quelques mois après, le 29 octobre, Louis Herblet passait un nouveau bail, par devant Desloges, notaire royal à Brie, avec Jean Le Moine, fermier du domaine du Roi, demeurant à Paris, rue Bourtibourg.

Ce contrat donnait droit au preneur de mener et conduire de Brie à Paris, et retour, « un crrosse, coche ou carriole, « pour conduire des personnes, à la charge d'exécuter les « ordonnances et règlemens sur le faict de la messagerie des « carrosses, coches et carrioles ». La durée de cet exercice devait être de trois années, à partir du 29 octobre 1676, moyennant la somme de 80 livres par an, payable de six mois en six mois, par égale portion et d'avance.

Le bailli accorda l'enregistrement de ce bail, au greffe du bailliage. le 1er décembre suivant.

A la charge, toutefois. pour le sieur Herblet, « de garder « et observer les ordonnances et règlemens faits, et cy après « d'être par nous procédé au règlement des jours et heures « que ledit Herblet devra partir de cette ville pour se rendre « en celle de Paris, et vice versa, et des sommes qu'il pren- « dra de chacune personne qu'il conduira. et du temps que « les places seront retenues et louées des particuliers et « notées sur le registre qu'il sera tenu d'avoir à cet effet, « de nous paraphé pour éviter aux désordres qui en pour- « roient résulter ».

Le 9 mai 1677. Louis Herblet demande à Charles Lesné, bailli de Brie, l'enregistrement du bail passé le 20 mai 1676, entre lui et André de la Salle. Sentence conforme à cette requête est rendue, le 1er juin. avec encore cette remarque que le défenseur devra observer les règlements et « tenir un « livre-journal pour y inscrire les noms des particuliers, « hardes, ballots et pacquets dont il deviendra gardien et « responsable ».

* * *

A côté de ce service de messageries, un autre existait concuremment, à Brie, comme dans beaucoup de villes.

En effet, le 3 septembre 1674, Jacques Brigandeaux était devenu messager royal de Brie-Comte-Robert à Paris, par adjudication faite en la Chambre du domaine, tenue au château du Louvre, en l'appartement des Tuileries. Le prix du marché était 660 livres par an, que Brigandeaux paya au Trésor Royal. le 24 décembre suivant.

Un peu plus tard. le 23 février 1675, Brigandeaux cédait son droit à Alexandre de Belguisse. secrétaire de la feue Reyne et du Roy ; et le 2 juin 1676, de Belguisse était installé, par sentence du Châtelet de Paris, en la charge d'adjudicataire de la Messagerie Royale de Brie-Comte-Robert à Paris. et vice-versa.

C'est pourquoi, le 15 juillet 1677, de Belguisse demandait à Charles Lesné, bailli de Brie, que ledit acte de réception du 2 juin 1676 fût registré au greffe de ce bailliage, pour être exécuté selon sa forme et teneur. Il offrait, en outre, de prêter serment de fidèlement observer les ordonnances et règlements sur le fait desdites messageries et d'en tenir fidèle registre, d'autant qu'il avait intérêt à faire savoir qu'il était propriétaire de ce service de messagerie et qu'il voulait jouir du droit qui y était attaché.

Le même jour après avis conforme du procureur royal, le bailli accordait l'enregistrement du bail en question.

— Huit ans après, le sieur Jean Talon, capitaine des charrois du Roy et fermier des messageries de Troyes, lieux, villes sur la route, retour et autres lieux, passait, le 27 mai 1684, par devant Robillard et Donc, notaires au Châtelet de Paris, un contrat avec Jean Vauquoy, laboureur à Brie-Comte-Robert.

Jean Vauquoy, par cet acte, était subrogé aux lieu et place de Jean Talon, pour exercer et faire la messagerie de Brie-Comte-Robert à Paris, et vice-versa, pendant quatre années, à partir du 1er janvier 1685, moyennant cent livres par chacun an et dix fromages.

D'autre part, le 25 mai 1685, Jean Vauquoy acheta à Marie Belesme, veuve de Louis Herblet, le droit de faire rouler coches et carrosses de Paris à Brie, et vice-versa, par contrat passé devant Lange et Donc, notaires au Châtelet, moyennant la somme de 200 livres par an et l'achat d'un carrosse valant 400 livres.

Jean Vauquoy ayant omis de faire enregistrer au greffe du bailliage de Brie les contrats, cession et transport du droit de messagerie à lui faits par Talon et Marie Belesme, le bailli le condamna, le 17 juin 1686, à cent livres d'amende, pour exercice, sans autorisation, du commerce des messageries.

Jean Vauquoy fit opposition à ce jugement, le 22 juin suivant, disant qu'il avait bien et dûment exercé ses fonctions, et avait demandé plusieurs fois l'examen de ses papiers.

Charles Lesné, le 12 juillet, déchargea le sieur Vauquoy de cette amende, et ordonna l'enregistrement immédiat des pièces visées. Le défendeur dut, en outre, prendre l'engagement, sous serment, d'observer strictement les règlements en vigueur.

— Tel est l'ensemble des documents que j'ai pu rassembler sur le service des messageries à Brie-Comte-Robert au xviie siècle. Si cette intéressante question n'est pas encore définitivement traitée[1], du moins, tout ce que je viens de reproduire est-il rigoureusement *inédit*.

[1] Je n'ai pu retrouver, malheureusement, un « Règlement sur le service de la Messagerie », fait par le Bailli de Brie, le 31 mai 1686.
D'autres documents pourront, aussi, être mis à jour.

LE CHATEAU DE COUBERT-EN-BRIE

A LA FIN DU XVII° SIÈCLE

L'histoire de la seigneurie de Coubert — pour la période qui va de 1685 à 1713 — est entourée d'une grande obscurité.

En effet, l'abbé Lebeuf[1] écrit simplement à ce sujet : « La « seigneurie de Coubert appartint depuis [c'est-à dire après « le maréchal de Vitry] au duc de Schomberg, Allemand, « ancien maréchal de France ; ensuite, au fameux Samuel « Bernard. »

Dans une notice sur Coubert[2], M. Th. Lhuillier nous renseigne davantage : « La Révocation de l'Edit de Nantes « (octobre 1685) força le maréchal de Schomberg à sortir du « Royaume... La terre de Coubert fut confisquée au profit « du Roi, « pour cause de religion ». L'un des fils du maré- « chal, Meinhardt, duc de Schomberg et de Leinster, ne « cessait d'en revendiquer la propriété... A diverses reprises, « Louis XIV avait disposé de ce château, à titre d'engage- « ment. En 1702, Daniel Chardon, avocat au Parlement, en « obtint la concession... En 1713 seulement, la terre de « Coubert fut restituée au fils du maréchal. Le duc étant « mort en 1719, ses héritiers vendirent tout le domaine à « Samuel Bernard. »

Or, il existe aux archives départementales de Seine-et-Marne[3] deux petits dossiers, d'une lecture extrêmement pénible, qui contiennent de précieux renseignements sur le château de Coubert, à la fin du XVII° siècle. C'est de ces docu-ments *inédits* que sont tirés les éléments de ce travail.

[1] Abbé Lebeuf. Histoire de la ville et de tout le diocèse de Paris. Edition 1883, tome V, page 154.

[2] Th. Lhuillier. Coubert. Almanach histor. de S.-et-M. Meaux, 1887.

[3] Actes de la Prévôté de Coubert. Années 1694-1698.

Lorsque le maréchal de Schomberg fut tué au combat de la Boyne (Irlande), le 11 juillet 1690, il laissait une veuve, Suzanne [1] d'Aumale, fille du sieur d'Haucourt. Celle-ci mourut elle-même trois ans plus tard. Elle avait un neveu, messire Daniel de la Vespière, marquis de Liambrune, qui était le « principal créancier, exécuteur testamentaire et « donataire universel de la deffunte damoiselle ».

Maître Jean Raoul [2], ancien avocat au Parlement de Paris, demeurant en cette ville, rue Sainte-Avoye, avait acquis, à titre d'engagement, le domaine de Coubert, et Nicolas Roget était fermier général des terres de ce domaine « par bail « faict au nom du Roy ».

Or, le 9e jour de juin 1694, François Deschamps, sergent ordinaire en la prévôté de Coubert, et Pierre Mathon, huissier à cheval au Châtelet de Paris, demeurant aussi dans le village, se présentèrent au château seigneurial. Ils avaient été requis par Jean Raoul lui-même. En effet, une sentence [3] avait été rendue contradictoirement, le 25 mai précédent, par le Châtelet de Paris, entre ledit Raoul d'une part, et d'autre part Daniel de la Vespière et Nicolas Roget.

Cette sentence portait que le sieur Raoul était maintenu en la jouissance du château de Coubert et les droits y attachés, avec défense à quiconque de l'y troubler. Elle ordonnait aussi que le château fût vidé sous trois jours ; sinon, ceux qui s'y trouveraient, au bout de ce temps, devraient être expulsés, et « leurs meubles, ustensiles et autres choses « mis sur les carreaux des cours ».

[1] Suzanne d'Aumale (Jeanne, selon certains textes fautifs) était fille de Daniel d'Aumale, seigneur d'Haucourt, premier chambellan de Henri de Bourbon, prince de Condé, et de Françoise de Saint-Paul (La Chesnaye-Desbois).

[2] Ou Raould.

[3] Le dossier Y 688 des Archives Nationales (Sentences du Parc civil du Châtelet, année 1694) ne contient pas cette pièce. Mais on y trouve une sentence, datée précisément du 25 mai 1694, accordant à Gaspard Le Brun, bourgeois de Paris, agent des affaires de défunte damoiselle Jeanne d'Aumale, la somme de deux cents livres pour la demi-année de ses gages et appointements, sur les deniers provenant de la vente des meubles et de la vaisselle de ladite défunte.

Nicolas Péron, concierge de la défunte damoiselle d'Aumale, reçut Deschamps et Mathon. Lecture lui fut donnée de cette sentence. Il répondit qu'il était chargé par autorité de justice de ce qui était dans le château, ainsi qu'en témoignait le billet suivant, dont Pierre Mathon prit copie, pour Maître Raoul.

« Par notre procès-verbal et récolement des meubles
« desclarez par Mgr l'Intendant de Paris, faict les 1er et
« 2e may 1694, Nicolas Péron, concierge du chasteau de
« Coubert, est demeuré gardien des meubles trouvez en
« nature, dont il s'est chargé sur notre dict procès-verbal.

« Faict ce 2 may 1694.

« JOURDAIN DE LA SALLE,
« Conseiller au Chastelet de Paris. »

Mathon demanda, alors, à Péron une copie de l'exploit ou de toute autre pièce contenant l'inventaire des objets dont il était le dépositaire. Péron déclara ne pas avoir d'autre papier que le billet ci-dessus.

Il ajouta qu'il n'avait pas osé refuser au sieur de la Salle, non plus qu'au substitut du Procureur du Roy et au sergent du Châtelet, de les recevoir au château.

Ces gens abusèrent de la permission. Ils vinrent à Coubert à plusieurs reprises, amenant avec eux « de la compagnie » de Paris.

Tous burent, mangèrent et couchèrent au château. Ils se servirent des meubles, linges et ustensiles divers, mirent leurs chevaux à l'écurie, chassèrent dans le parc.

Le vendredi 30 avril précédent, le commissaire, le substitut et le sergent arrivèrent à Coubert avec leur femme, leurs parents et amis, au nombre de vingt-deux, deux carrosses et des chevaux de selle ; ils y restèrent quatre jours pleins. Le samedi 1er mai et le lendemain, le sergent vendit quelques meubles.

Le lundi suivant, deux charrettes, attelées chacune de trois chevaux, furent chargées de meubles, que le commissaire et le substitut « dirent estre pour eux ».

Après quoi, le commissaire fit signer à Péron un papier qui établissait, dit-il, que celui-ci était nommé « gardien de ce qui estoit dans ce chasteau, *comme appartenant au Roy* ».

A plusieurs reprises, Nicolas Péron se rendit à Paris, pour obtenir du sieur de la Salle une « copye de sa charge desdits « meubles. » Toutes ses démarches furent vaines ; il ne pouvait « mesme pas dire de quoi il estoit chargé. »

Le concierge ayant terminé sa déclaration, Deschamps procéda à la description de ce qui se trouvait dans le château.

Je ne reproduirai pas cet inventaire, dont la lecture serait, pour le moins, fastidieuse.

On ne saurait imaginer quelle misère et quel désordre régnaient partout, dans cette demeure seigneuriale, belle encore quelques années auparavant[1]. Tables et fauteuils sans pieds, armoires sans tiroirs ni portes, bois de lit disloqués et rompus, ustensiles de cuisine déposés dans les chambres, tableaux et écrans transportés dans l'office...

Tout ce qui avait échappé au pillage était hors d'usage et « de nulle valeur ».

Tel était, en juin 1694, le lamentable état du château de Coubert.

La suite de cette étude va montrer que l'œuvre de dévastation ne s'arrêta pas là.

On a vu que, d'après M. Th. Lhuillier, le fils du maréchal de Schomberg ne cessait de revendiquer la propriété de la seigneurie de Coubert.

En effet, le 8 avril 1698, à la requête de François Rochon, conseiller du Roy, lieutenant général en l'élection de la Marche, Intendant des affaires de Très Haut et Très Puissant Seigneur Meinhard, duc de Schomberg et de Leinster, marquis de Harwich, comte de Brentford et Bangor, comte du Saint Empire, comte de Mertola et Grand de Portugal,

---

[1] Dans les « Antiquitez de Paris », le Père Dubreul signale, au début du xviie siècle, « les vastes salles du rez-de-chaussée, les tentures de lampas et « de cuir de Cordoue. » Dans le supplément de cet ouvrage (1639), l'auteur parle du « fort beau chasteau du mareschal de Vitry... Le dedans est fort beau. »

conseiller du Conseil Privé de Sa Majesté de la Grande-Bretagne et général en chef de ses armées [1], Charles Lesné, bailli de Brie-Comte-Robert, se rendit au château de Coubert, « afin de procedder à la description sommaire des meubles, « titres, papiers et effets, mesme de visitter les chambres et « lieux en deppendans... pour ensuitte estre le tout mis en « la garde et possession de Gilles du Val, escuïer, controlleur « de la Compagnie géneralle au régiment des gardes suisses « du Roy, à cette fin fondé de procuration dudit seigneur « duc de Schomberg. »

Charles Lesné était assisté, dans cette opération, de Pierre Dubard, juge prévôt de Coubert, du sieur du Val, et de Jean Cousin, expert et arpenteur juré au bailliage de Brie.

Nicolas Péron, concierge, Simon Buisson, jardinier, et Pierre Mathon, huissier à cheval, déclarèrent alors être chargés, les deux premiers de la garde des meubles, et le troisième de celle des titres et papiers. Péron et Buisson ajoutèrent qu'il n'y avait, dans le château, d'autres meubles que ceux portés sur l'inventaire fait le 9 juin 1694, quand Maître Jean Raoul prit possession du domaine de Coubert, à titre d'engagement.

Après quoi, le bailli fut conduit dans toutes les chambres, tant du bâtiment de devant que de celui de derrière. Il retrouva à peu près tout ce qui était inscrit sur l'ancien procès-verbal.

Cependant, une pièce de tapisserie à personnages de haute lice avait disparu. De plus, Nicolas Péron représenta un billet en forme de mémoire, qui établissait que de nombreux ustensiles de cuisine et tous les principaux meubles du château avaient été vendus à la requête de Messire Daniel de Vespière. De son côté, le sieur Jean Raoul, quand il était entré en jouissance du domaine, avait forcé une grande armoire contenant plusieurs pièces de tapisserie. Enfin, en dehors des chambres visitées en 1694 et dont les meubles,

---

[1] Meinhard de Schomberg était l'aîné des deux enfants survivants du maréchal, nés de son premier mariage.

cassés et de nulle valeur, avaient été déplacés, Charles Lesné
ne trouva rien ailleurs, ni dans aucune autre salle, ni dans
la chapelle, ni dans la basse-cour.

Pierre Mathon fut, alors. interpellé au sujet du Trésor. Il
montra un inventaire de ces titres et papiers fait les 10 et
12 novembre 1688, et dont le récolement eut lieu incontinent.

Tous les dossiers étaient rangés sous trente cotes. Leur
description serait fastidieuse et absolument dépourvue d'intérêt. Je me bornerai à en donner l'essentiel.

Premièrement, un livre ou registre en parchemin contenant 99 rôles écrits, qui est le papier-terrier de la terre et
seigneurie de Coubert, sous la cote un, cy............. 1

Item, un cahier de papier qui est un extrait des pièces
concernant la recette des censives de ladite terre et seigneurie, daté du 23 mai 1667, cy.................... 2

Item, 44 pièces attachées ensemble' qui sont extraites du
terrier cy-devant, et autres pièces concernant la recette des
censives de la seigneurie de Coubert, cy............. 3

It. un registre en parchemin qui est le papier-terrier de la
seigneurie de Soignolles, dépendant de la terre de Coubert,
cy.. 4

Item. un cahier de papier qui est un extrait des pièces
concernant la recette des censives de ladite terre de Soignolles. daté du 21 mai 1667. cy 5

Item, 17 pièces qui sont des extraits du terrier ci-devant
inventorié, cy................................. 6

Item. un registre en parchemin qui est le livre-terrier de
la seigneurie de Barneaux, dépendant de Coubert. cy.. 7

Item, un extrait des papiers concernant la recette de la
terre et seigneurie de Barneaux. daté du 21 mai 1667,
cy... 8

Item, 11 pièces extraites du terrier ci-devant inventorié,
et autres pièces concernant la recette des censives de la seigneurie de Barneaux. cy 9

Item, le papier-terrier de la terre et seigneurie de Vitry,
cy.. 10

Item, 3 cahiers de papiers qui sont des extraits de la

recette de la terre et seigneurie de Vitry, datés du 23 mai 1667,
cy 11

Item, 24 pièces analogues attachées ensemble, cy. . . . 12

Item, 10 baux à rentes, cy. 13

Item, 16 pièces qui sont marchés et comptes, cy. 14

Item, 7 pièces qui sont obligations et promesses dûes
audit sieur Maréchal, cy. 15

Item, 14 pièces qui sont baux à ferme de plusieurs particuliers et un procès-verbal de visite du moulin de Coubert,
cy 16

Item, 10 autres pièces qui sont mémoires d'échanges,
sous signature privée, faits entre ledit seigneur maréchal et
quelques particuliers, cy. 17

Item, 8 pièces qui sont contrats d'échanges analogues,
cy. 18

Item, 5 pièces qui sont contrats d'acquisition et transports
faits par ledit seigneur, cy 19

Item, un récépissé, signé Fèvre (?) huissier, en date du
3 août 1688, donné à M. Gilles du Val, capitaine et receveur
dudit château de Coubert pour le seigneur maréchal, de
plusieurs titres et obligations pour contraindre des débi-
teurs, cy. 20

Item, 2 registres de la recette des revenus de la terre de
Coubert, faits par le sieur Deschamps, cy. 21

Item, un registre contenant plusieurs comptes de recettes
et dépenses, rendus par les sieurs fermiers de la terre de
Coubert pour le seigneur maréchal de Schomberg, lesdits
comptes faisant mention des bâtiments et travaux faits audit
Coubert, cy 22

Item, 4 autres registres contenant les comptes des recettes
et dépenses faites par le sieur Lemoine, ci-devant capitaine-
receveur dudit château pour le seigneur maréchal, cy . 23

Item, 7 cassettes de bois contenant plusieurs pièces concer
nant la terre de Coubert. Dans la première cassette, anciens
titres en parchemin concernant les terres du seigneur maré-
chal, cy. 24

Dans la seconde, un grand livre couvert de parchemin et

écrit en latin, à la main, et qui traite de mathématiques, géométrie et figures de fortifications ; un autre registre, qui est une « Coutume » en lettres gothiques tracées à la main ; plusieurs pièces et anciens titres contenant le fief de la Tour Roland ; un papier-terrier de la ferme de Nesle, cy.... 25

Dans la troisième, déclarations et papiers-terriers de la ferme et seigneurie de Soignolles, cy.................. 26

Dans la quatrième, un papier-terrier fort ancien du fief de Nandy ; une copie d'aveu fort ancien de la terre de Grisy ; un autre de la terre de Nogent ; une enquête anciennement faite entre les Religieux du Jard et Messire Louis de l'Hospital, seigneur dudit Nogent ; un grand rouleau de parchemin, écrit en latin, sur le dos duquel est marqué « Saint-Port », et à un bout : « Arrest de la Cour par lequel les terres de Saint-Port, qui furent à feu Guéraud, sont adjugeez à notre maison », cy..................... 27

Dans la cinquième, vieux titres et vieilles déclarations contenant lesdites terres, cy..................... 28

Dans la sixième, contrats concernant lesdites terres ; une enquête faite à la requête du maréchal de Vitry ; une copie de foy et hommage rendue au Roy par Messire Louis de l'Hospital, cy..................... 29

Dans la septième et dernière, titres concernant lesdites terres, cy 30

Le bailli constata, en outre, que plusieurs pièces portées sur l'inventaire de 1688 avaient été détruites ou emportées. Quant au « Trésor », Pierre Mathon en fut déchargé. Péron et Buisson cessèrent, de leur côté, d'être gardiens des meubles et autres choses. Tout ce qui se trouvait encore dans le château de Coubert, et qui avait échappé au pillage, fut remis au sieur du Val, représentant l'héritier du maréchal.

Toutefois, on a vu que le domaine de Coubert, après tant de vicissitudes, ne fut restitué par le Roi à Meinhard de Schomberg qu'en l'année 1713.

MELUN. — IMPRIMERIE E. RAPHARD

13, RUE DE L'HOTEL-DE-VILLE